AF246301

INSTRUCTION GÉNÉRALE

SUR LES

MUTATIONS

(2 MARS 1886)

EXTRAIT

POUR LE

SERVICE DES PERCEPTEURS

PARIS

LIBRAIRIE ADMINISTRATIVE DE BERGER-LEVRAULT ET Cie

5, rue des Beaux-Arts

MÊME MAISON A NANCY

1886

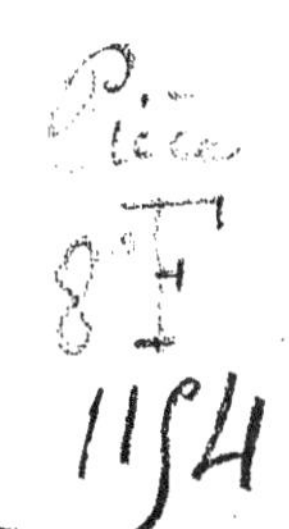

EXTRAIT

DE

L'INSTRUCTION GÉNÉRALE

DU 2 MARS 1886

SUR LES MUTATIONS

(Service des percepteurs.)

CHAPITRE Iᵉʳ.

Ce qui constitue le travail des mutations.

ARTICLE PREMIER.

Le travail des mutations comprend :

1º La réception des déclarations de mutation des propriétés foncières, la rédaction et la vérification des feuilles sur lesquelles sont portées les parcelles objets des changements ;

2º La recherche des propriétés non bâties devenues imposables ou ayant cessé de l'être ; celle des constructions et des démolitions totales ou partielles, ainsi que des changements d'affectations susceptibles d'entraîner une modification du revenu cadastral des propriétés bâties ;

3º La formation de l'état des changements de la taxe des biens de mainmorte ;

4º La formation des états de changements concernant la contribution des portes et fenêtres et la contribution personnelle-mobilière, ainsi que la constatation des rectifications qu'il y aurait lieu d'apporter à la désignation des noms, prénoms, professions ou qualités et demeures des contribuables ;

5º La ventilation des baux ;

6º L'établissement des matrices des patentes ;

7º La rédaction ou la rectification de l'état-matrice des prestations ;

8º Les recherches complémentaires relatives à l'assiette de la contribution sur les voitures, chevaux, mules et mulets, de la taxe sur les billards publics et privés et de la taxe sur les cercles, sociétés et lieux de réunion ;

9º L'application des mutations sur les matrices de la direction et sur celles des communes.

CHAPITRE II.

Tournées générale et spéciales. — Itinéraires. — Relevés des extraits d'actes dans les bureaux de l'enregistrement. — Agents appelés à concourir au travail des mutations fonciéres. — Leurs attributions.

Art. 2.

Le travail des mutations, dans les communes, est fait par le contrôleur et par le percepteur, dans les cas et les conditions ci-après déterminés.

Art. 3.

Une tournée générale a lieu chaque année pour l'exécution du travail des mutations ; elle est précédée et suivie de tournées spéciales ayant pour objet les mutations foncières et l'établissement des matrices primitives des patentes des communes ayant cent patentés ou plus (instruction générale du 6 avril 1881 sur les patentes, art. 104).

Art. 4.

Les tournées spéciales concernant les mutations foncières sont faites par le percepteur suivant la marche tracée par les articles 27 à 32 de la présente instruction.

. . . .

Art. 5.

Les époques des tournées sont arrêtées..... par le receveur des finances pour les communes où les percepteurs doivent opérer.

Les ..... percepteurs reçoivent de leurs chefs directs l'avis des jours et heures fixés pour leurs tournées.

Art. 6.

Il est également donné avis au maire du jour et de l'heure où l'agent chargé du travail doit se rendre dans la commune. Cet avis est transmis par le receveur des finances pour les tournées spéciales du percepteur ; par le directeur, en ce qui concerne la tournée générale (art. 12) et la tournée spéciale effectuée par le contrôleur.

Le maire porte les avis qu'il a reçus à la connaissance des habitants par les voies ordinaires de publication, et il convoque les répartiteurs pour prendre part au travail, dans le cas où leur concours est nécessaire.

Art. 7.

A défaut d'ordres contraires, la tournée générale s'ouvre le 1er mai de chaque année. Néanmoins, si le directeur jugeait qu'il fût utile d'avancer ou de reculer cette ouverture, il en référerait à l'administration.

. . . .

Les tournées spéciales des percepteurs pour la réception des déclarations de mutations ont lieu aux époques fixées par l'article 27 de la présente instruction.

Art. 8.

L'ordre de la tournée générale est réglé par un itinéraire dont le projet est soumis par le contrôleur au directeur, en double expédition, avant le 1er avril.

Pour établir le projet d'itinéraire, le contrôleur doit faire en sorte de ne pas affecter au travail des mutations des jours de foire, marché, etc., dont la coïncidence rendrait plus difficile la réunion des répartiteurs.

Il tient compte des époques des travaux agricoles, tels que la fenaison, la moisson, les vendanges, etc., de manière à effectuer le travail de chaque commune à l'époque où les habitants peuvent être le plus libres de s'en occuper.

Autant que possible, il met en tête de l'itinéraire les perceptions pour lesquelles l'application des mutations a été effectuée en premier lieu (art. 169). Il s'efforce de ne pas faire coïncider le travail des mutations avec les jours consacrés au recouvrement, et, à cet effet, il peut scinder une perception de manière qu'en y opérant à plusieurs reprises, le comptable soit distrait de ses autres obligations pendant un moins grand nombre de jours consécutifs.

Il a égard à la population des communes, à l'étendue des territoires, au nombre des actes relevés à l'enregistrement, aux notes des percepteurs (art. 33), au nombre des patentables, etc., afin de bien apprécier l'importance du travail à exécuter dans chaque commune, et de pouvoir calculer avec exactitude la durée du séjour qu'il doit y faire.

En général, le contrôleur est tenu de consacrer au moins un jour au travail de chaque commune. Toutefois, le directeur peut l'autoriser à effectuer, dans une même journée, la tournée de deux communes ne renfermant pas ensemble plus de quatre cents articles de matrices générales et de trente patentables, lorsqu'il juge que la mesure n'est pas de nature à porter préjudice aux intérêts du service.

L'itinéraire indique l'heure à laquelle le contrôleur arrivera dans chaque commune.

La tournée est divisée en plusieurs parties, entre chacune desquelles sont ménagés quelques jours d'intervalle pour la mise au courant des affaires urgentes.

Art. 9.

Le directeur examine et modifie, s'il y a lieu, le projet d'itinéraire en veillant surtout à ce qu'il soit consacré à chaque commune le temps nécessaire pour que le travail puisse être complet et régulier. Il le communique au trésorier-payeur général pour recevoir ses observations et l'arrête, aussitôt qu'il lui est renvoyé, en tenant compte, autant que possible, des observations qui auraient été faites.

Art. 10.

Aussitôt que l'itinéraire est arrêté, copie en est transmise à l'inspecteur et au trésorier-payeur général ; ce dernier le notifie aux percepteurs en les invitant à se rendre dans les communes aux jours et heures indiqués, et à être présents, pendant toute la durée du travail, à la réunion des répartiteurs et du contrôleur, afin de donner les renseignements que leurs connaissances locales les mettent à même de fournir.

A l'égard des communes où il existe un receveur municipal spécial et pour lesquelles il est dressé un état-matrice des prestations, l'itinéraire est également notifié à ce comptable par les soins du trésorier-payeur général (art. 128).

Art. 11.

Le directeur renvoie immédiatement au contrôleur un double de l'itinéraire tel qu'il a été arrêté ;...

Art. 12.

La notification de l'itinéraire du contrôleur au maire de chaque commune (art. 6) doit être faite par le directeur dix jours au moins à l'avance. La lettre du directeur rappelle au maire qu'il doit tenir prêtes, pour l'arrivée du contrôleur, les diverses pièces nécessaires au travail des mutations, notamment :

1° L'atlas du plan parcellaire ;

2° Les états de sections ;

3° La matrice cadastrale des propriétés non bâties ;

4° La matrice cadastrale des propriétés bâties ;

5° La matrice générale ;

6° Les registres de l'état civil ;

7° Les listes électorales ;

8° Le tableau du dernier recensement de la population ;

9° Le registre des déclarations des chevaux, juments, mulets et mules et celui des déclarations des voitures attelées, tenus pour le service des réquisitions militaires ;

10° Le budget communal.

Le directeur joint à sa lettre des affiches indiquant les jours et heures où le contrôleur se rendra dans la commune et dans chacune des communes limitrophes. Ces affiches doivent être en nombre suffisant pour qu'il en soit apposé, non seulement au chef-lieu, mais encore dans les principales sections de la commune.

Art. 13.

Le contrôleur est tenu de suivre exactement l'itinéraire arrêté ; le directeur seul peut y apporter des modifications et il ne doit le faire que pour des motifs graves.

Dans le cas où la tournée se trouverait forcément interrompue par une cause imprévue, le travail des communes dans lesquelles on devait opérer pendant l'interruption serait renvoyé à la fin de l'itinéraire, ou à l'un des intervalles réservés entre ses diverses parties (art. 8), de sorte que l'ordre établi pour les autres localités ne soit pas dérangé.

La même marche serait suivie à l'égard des communes où le temps fixé par l'itinéraire n'aurait pas suffi pour l'exécution régulière de tout le travail des mutations.

Le directeur doit être averti sans retard des circonstances qui peuvent nécessiter la modification de l'itinéraire. Si l'avis de l'arrivée du contrôleur a déjà été envoyé dans les communes sur lesquelles doivent porter les changements, il prévient immédiatement de l'interruption les maires de ces communes ainsi que ceux des communes limitrophes. Il arrête l'itinéraire modifié, le notifie à l'inspecteur ainsi qu'au contrôleur et en donne connaissance au trésorier-payeur général et aux maires, dans la même forme que pour la communication primitivement faite à ces fonctionnaires.

Art. 14.

Dans la période comprise entre l'achèvement de la tournée ordinaire des mutations et la fin de l'année, puis, pendant le premier trimestre de l'année suivante, le contrôleur relève, dans chacun des bureaux de l'enregistrement :

1° Tous les baux écrits (authentiques et sous seing privé) concernant les propriétés bâties et toutes les déclarations de locations verbales relatives aux mêmes propriétés ;

2° Les baux écrits d'un prix de 300 fr. et au-dessus, concernant les propriétés non bâties ou mixtes (bâties et non bâties), ainsi que les adjudications de coupes de bois dont le prix moyen annuel se trouve dans les mêmes conditions ;

3° Les actes translatifs de propriété comprenant les ventes, échanges, partages, donations, etc. ;

4° Les déclarations de succession immobilière, dans le cas où il n'existe qu'un seul héritier.

Art. 15 et 16.

. . . .

Art. 17.

Le relevé est établi sur des extraits ; il est fait à l'aide et dans l'ordre des registres des receveurs de l'enregistrement.

. . . .

Le contrôleur consigne avec le plus grand soin sur l'extrait toutes les indications qui peuvent faciliter la reconnaissance des parcelles au moment des mutations ou des ventilations, telles que : *lieuxdits, nature de culture, contenance, noms de champs* ou *de parcelles, désignations cadastrales*, etc., excepté toutefois lorsqu'il s'agit de partages comprenant un grand nombre de parcelles.

Lorsque l'enregistrement indique qu'une propriété s'étend sur plusieurs communes dont les noms sont désignés, l'acte est relevé pour chaque commune sur un extrait séparé.

Les baux à séries de prix donnent lieu à la rédaction d'autant d'extraits qu'il y a de prix différents.

Art. 18.

. . . .

Art. 19.

Les contrôleurs sont tenus d'adresser au directeur, au fur et à mesure de l'achèvement des relevés dans chaque bureau, une note indiquant la date, d'après les livres de l'enregistrement, à laquelle les relevés ont été entrepris et celle à laquelle ils ont été arrêtés.

A la réception de ces notes, le directeur se fait communiquer, s'il le juge à propos, les relevés d'un ou de plusieurs bureaux, pour les examiner ou pour les faire vérifier par l'inspecteur. Les extraits dont la communication est ainsi demandée sont transmis à la direction dans l'ordre suivant lequel ils ont été rédigés (art. 17) ; ils sont renvoyés le plus tôt possible dans les contrôles.

Art. 20 à 22.

. . . .

Art. 23.

Le contrôleur envoie directement aux percepteurs de sa circonscription, après les avoir enliassés par commune et réunis par perception, les extraits d'actes translatifs de propriété concernant les communes où ces comptables doivent recueillir les mutations ; il joint à chaque liasse d'extraits correspondant à une perception un bordereau sur lequel il inscrit les noms de toutes les communes de la perception et le nombre, par commune, des extraits envoyés.

Les percepteurs, après avoir rempli, daté et signé le récépissé placé à droite de ce bordereau, le détachent et le font parvenir immédiatement au contrôleur.

Art. 24.

Le jour même où il effectue les envois dont il est question à l'article précédent, le contrôleur adresse au directeur un état présentant, par commune, le nombre des extraits de baux et d'actes translatifs de propriété relevés et reçus.

. . . .

A la réception des états, le directeur fait connaître au trésorier-payeur général le nombre, par arrondissement et par perception, des extraits d'actes translatifs de propriété transmis aux percepteurs.

Art. 25.

. . . .

Art. 26.

Le contrôleur opère les mutations foncières :

1º Dans les communes de sa résidence ;

2º Dans les autres communes, en ce qui concerne seulement les nouvelles constructions, les additions de construction, les démolitions, les parcelles de propriété non bâties devenues imposables ou ayant cessé de l'être et, d'une manière générale, en ce qui touche les propriétés bâties ou non bâties dont le revenu cadastral est à évaluer, à supprimer ou à modifier.

Art. 27.

Le percepteur fait les mutations dans toutes les communes autres que celle où réside le contrôleur. Il peut se livrer à ce travail chaque fois que, se trouvant dans la commune, il est à même, soit à l'aide des déclarations des propriétaires, soit à l'aide de documents officiels ou authentiques, de constater les changements survenus dans les propriétés. Toutefois, il est tenu de faire, en outre, même dans les communes où il a ainsi opéré, deux tournées spéciales. La première a lieu immédiatement après que les mutations de l'année précédente ont été appliquées sur les matrices des communes ; la seconde est fixée de manière que le travail soit terminé quinze jours au moins avant l'époque de l'arrivée du contrôleur dans la première commune de la perception.

Art. 28.

Pour chacune des deux tournées spéciales prescrites par l'article précédent, le percepteur prépare et soumet au receveur des finances l'itinéraire qu'il se propose de suivre.

Le receveur des finances adresse au maire de chaque commune, dix jours au moins à l'avance, des affiches (mod. n° 3 *bis*), accompagnées d'une lettre d'envoi (mod. n° 2 *bis*), faisant connaître les jours et heures où le percepteur se rendra dans la commune et dans chacune des communes limitrophes. Ces affiches doivent être en nombre suffisant pour qu'il en soit apposé, non seulement au chef-lieu de la commune, mais encore dans les principales sections.

Art. 29.

Aussitôt après l'achèvement de son travail, c'est-à-dire quinze jours au moins avant l'arrivée du contrôleur (art. 27), le percepteur adresse, en double expédition et pour chaque commune, au receveur des finances un état présentant :

1° Le nombre des extraits d'actes translatifs de propriété reçus, utilisés et restant à utiliser, ainsi que le nombre des parcelles recueillies pour les propriétés non bâties et pour les propriétés bâties ;

2° Le relevé des extraits restant à utiliser, avec indication des motifs pour lesquels il n'a pu en faire emploi.

Les deux expéditions de cet état sont envoyées par le receveur des finances au trésorier-payeur général, qui transmet immédiatement l'une d'elles au directeur.

Art. 30.

A la réception de cet état, le trésorier-payeur général et le directeur examinent les causes d'ajournement des mutations, et, s'ils reconnaissent la nécessité de faire compléter l'opération avant l'arrivée du contrôleur, ils décident de concert qu'elle sera effectuée par un agent spécial lequel sera envoyé dans les communes aux frais du comptable.

Autant que possible, les agents spéciaux sont choisis parmi les surnuméraires de l'un ou de l'autre des services.

Art. 31.

L'agent spécial se rend immédiatement chez le percepteur qui doit être prévenu de son arrivée par le receveur des finances.

Il reçoit du comptable tous les extraits d'actes translatifs de propriété relatifs aux communes où le travail est incomplet ainsi que les feuilles de mutation déjà rédigées et les imprimés nécessaires.

L'agent spécial se transporte successivement dans lesdites communes, et, lorsque sa mission est remplie, il remet au percepteur les diverses pièces de mutations accompagnées d'une note indiquant le nombre des parcelles qu'il a recueillies dans chaque commune, ainsi quele nombre des kilomètres qu'il a parcourus par terre, par eau ou par chemin de fer, tant pour l'aller que pour le retour. Cette note est adressée par le percepteur au receveur des finances qui la transmet au trésorier-payeur général.

ART. 32.

L'agent spécial a droit aux allocations suivantes :

3 francs par jour ;

2 centimes et demi par parcelle et par nom *substitué* (propriétés non bâties) ;

3 centimes et demi par parcelle et par nom *substitué* (propriétés bâties) ;

Et, pour frais de voyage :

50 centimes par kilomètre de route de terre et 15 centimes par kilomètre parcouru par eau ou par chemin de fer.

Le trésorier-payeur général fait immédiatement payer les allocations dues à l'agent spécial et il en opère la retenue sur les remises du percepteur.

Ce dernier reçoit d'ailleurs la totalité de l'indemnité allouée pour la rédaction des feuilles de mutation, tant en ce qui concerne les feuilles établies par lui qu'en ce qui concerne les feuilles établies par l'agent spécial (art. 193).

ART. 33.

Le percepteur tient un cahier de notes qu'il porte avec lui dans les communes, et sur lequel il indique, soit d'après la demande des contribuables, soit d'après les faits parvenus à sa connaissance, les changements ou rectifications à opérer dans les rôles. Il y inscrit les divers renseignements qu'il a pu recueillir pour l'amélioration de l'assiette des contributions, notamment en ce qui concerne les constructions et les démolitions, les alluvions et les corrosions, les patentables à imposer et ceux à supprimer des rôles.

Il rédige tous les trois mois, pour chacune des communes de sa réunion, sur des cadres remis à cet effet par le directeur au trésorier-payeur général, un extrait du cahier de notes, et le fait parvenir au contrôleur par la voie hiérarchique ; lorsque le cahier de notes n'a reçu aucune inscription, il est transmis un certificat négatif pour chaque commune.

ART. 34.

Les contrôleurs sont chargés de tenir les percepteurs approvisionnés des cadres imprimés nécessaires pour la rédaction des feuilles de mutation.

ART. 35.

Dans le cas où il s'élèverait quelque dissentiment entre les agents chargés de coopérer au travail des mutations, le directeur et le trésorier-payeur général se concerteraient pour le faire cesser ; si ces chefs de service ne pouvaient eux-mêmes s'accorder sur l'un des points qu'ils sont appelés à régler, ils en référeraient respectivement à leur administration.

CHAPITRE III.

Réception des mutations foncières. — Règles générales.

Art. 36.

L'agent chargé d'opérer dans les communes doit être muni des extraits d'actes translatifs de propriété relevés dans les bureaux de l'enregistrement (art. 14) et des divers renseignements qui lui ont été fournis ou qu'il a recueillis concernant les mutations.

Il doit, en outre, se faire remettre :

1° L'atlas du plan parcellaire ;

2° Les états de sections ;

3° Les matrices cadastrales des propriétés non bâties et bâties ;

4° La matrice générale.

Avant de se rendre dans les communes, il informe, par des lettres (mod. n° 7), les propriétaires dont les mutations auraient été précédemment ajournées, du jour où il se trouvera à la mairie pour procéder à la réception des déclarations de mutations foncières et leur indique en même temps l'heure à laquelle ils devront s'y présenter, pour fournir les renseignements touchant leurs mutations.

Au jour de la tournée spéciale, il prie, au besoin, le maire de faire publier de nouveau l'avis de son arrivée, et même de faire appeler individuellement les propriétaires qui ne se présenteraient point et dont les explications lui seraient nécessaires.

Il procède à la rédaction des feuilles de mutation d'après les règles tracées dans les articles suivants, en faisant usage d'imprimés conformes aux modèles n° 8 pour les propriétés non bâties et n° 8 *bis* (papier rose) pour les propriétés bâties.

Art. 37.

La mutation peut avoir pour objet :

1° L'article entier d'un propriétaire ;

2° Des parcelles entières ;

3° Des portions de parcelles d'une seule classe ;

4° Des portions de parcelles de classes différentes.

Dans le premier cas, si l'article passe à un *acquéreur* [1] non encore inscrit dans la matrice cadastrale, on indique qu'il y a lieu de *substituer* le *nom* de l'*acquéreur* à celui du *vendeur,* en se bornant à inscrire sur la feuille de mutation le total de la contenance et du revenu cadastral.

Si l'article entier passe à un *acquéreur* figurant déjà à la matrice, on transcrit le détail de toutes les parcelles acquises.

---

1. On emploie le mot : *Acquéreur* pour désigner le *nouveau propriétaire* et le mot: *Vendeur* pour désigner l'*ancien propriétaire.*

Dans le second cas, on copie sur la feuille de mutation la ligne affectée à chaque parcelle dans la matrice.

Dans le troisième cas, on transcrit la section, le numéro du plan, le lieudit, la nature de la propriété, la portion de contenance, la classe et la portion de revenu y afférente. Le revenu de chaque portion de parcelle divisée se détermine en multipliant la contenance par le prix attribué à la classe de la parcelle dans le tarif des évaluations placé en tête de la matrice.

Dans le quatrième cas, le revenu de chaque fraction est déterminé proportionnellement à la contenance, à moins que les parties intéressées ne conviennent de la portion de revenu à attribuer à chacune d'elles ; on fait alors mention de la convention des parties dans la colonne d'observations, et, de plus, on indique, dans la colonne 7, la contenance ou la proportion de la contenance afférente à chaque classe, si la portion de parcelle, objet de la mutation, appartient à plusieurs classes. Dans aucun cas, le revenu attribué à chacune des portions de la parcelle ne peut être supérieur à celui qui résulterait du tarif de la classe la plus élevée, ni inférieur à celui du tarif de la classe la moins élevée de la parcelle.

On place la lettre *p* (partie) à droite et un peu au-dessous du numéro des parcelles divisées. Ce signe suit, dans les mutations ultérieures, la fraction de parcelle qui en a été affectée, alors même que cette fraction ne subirait plus de nouvelle division. En outre, toutes les fois qu'il y a possibilité de le faire, on indique dans la colonne de la feuille de mutation intitulée : *Fraction représentative des portions de parcelles divisées,* le chiffre exprimant la portion de parcelle à porter de l'ancien au nouveau propriétaire. Cette dernière indication, qui peut servir à vérifier l'exactitude des divisions, ne doit, en aucun cas, être reproduite sur la matrice.

<h3 align="center">Art. 38.</h3>

Lorsque le changement n'affecte qu'une portion de parcelle, il est rédigé une feuille de mutation, dite *feuille de reste,* pour constater la partie de cette parcelle qui reste à l'ancien propriétaire. La rédaction de cette feuille est nécessaire pour faciliter la retranscription de la partie restante à la suite de l'article du *vendeur* et pour fixer l'ordre que ce reste de parcelle doit y prendre dans le cas où il y aurait à opérer plusieurs retranscriptions de l'espèce ou à porter, à l'article du *vendeur,* des parcelles qu'il aurait acquises.

Dans les cas dont il s'agit, le revenu cadastral des restes de parcelles doit être déterminé, non par voie de différence, mais de la même manière que celui des portions de parcelle mutées (art. 37, 3ᵉ et 4ᵉ cas).

<h3 align="center">Art. 39.</h3>

Chaque feuille de mutation ne doit comprendre que des parcelles transférées d'*un même* article à *un seul* propriétaire. Il faut par conséquent rédiger deux feuilles pour faire passer des parcelles inscrites sous le nom d'un même propriétaire à deux propriétaires différents, de même qu'il faut en rédiger deux également pour porter à un même *acquéreur* des parcelles tirées de deux articles de la matrice.

Art. 40.

Les propriétés acquises .pour l'établissement des .chemins de fer, qu'il s'agisse d'une ligne concédée ou d'une ligne exploitée par l'État, doivent être inscrites dans les matrices sous deux articles différents : l'un, comprenant les .immeubles nécessaires à l'exploitation ; l'autre, ceux qui, ne faisant pas partie de la voie ferrée ni de ses dépendances, sont susceptibles d'être aliénés.

Art. 41.

Lorsqu'un propriétaire nouveau a acquis en entier plusieurs articles, on opère *sommairement,* c'est-à-dire par voie de *substitution* (art. 37), sur l'article renfermant le plus grand nombre de parcelles et on transcrit en détail, sur d'autres feuilles de mutation, les parcelles provenant des autres articles.

Si l'*acquéreur* prenait un article entier de matrice et seulement des parcelles ou portions de parcelles tirées d'un ou de plusieurs autres articles, on porterait le total de la contenance et du revenu de l'article entier sur une feuille et l'on transcrirait en détail, sur d'autres feuilles, les parcelles ou portions de parcelles tirées des autres articles.

Art. 42.

Lorsque la totalité d'un article de matrice n'ayant encore subi que quelques radiations passe à plusieurs *acquéreurs,* et que l'un d'eux, *nouveau propriétaire,* prend plus de la moitié des parcelles, on opère sommairement en ce qui concerne cet *acquéreur.*

Art. 43.

Lorsque la mutation comprend une propriété bâtie, il est rédigé une première feuille (mod. n° 8) pour le *sol,* le jardin et les autres terrains acquis avec la propriété bâtie ; puis une seconde feuille conforme au modèle n° 8 *bis* pour l'*élévation* des maisons et usines. Le numéro de la feuille de mutation du *sol* est rappelé sur la feuille relative à l'*élévation.*

Le même mode de procéder doit être suivi en ce qui concerne les mutations ayant pour objet les chantiers et autres terrains affectés à un usage commercial ou industriel.

Pour les mutations relatives aux propriétés bâties, on porte sur la feuille n° 8 *bis,* la nature et le nombre des ouvertures, à moins qu'il ne s'agisse d'une propriété exempte de la contribution des portes et fenêtres, auquel cas on indique la destination qui a motivé l'exemption.

Si la propriété se trouvait déjà imposée pour les portes et fenêtres, au nom du nouveau propriétaire, comme dans le cas de construction nouvelle, il serait fait mention de cette circonstance, et l'on rappellerait pour mémoire dans la colonne 10 de la feuille de mutation le nombre des ouvertures déjà imposées.

Art. 44.

On ne doit pas procéder à la division d'un domaine ou même d'une simple parcelle entre plusieurs copropriétaires, lorsqu'il n'y a pas eu de partage effectif. Tant que les propriétés sont possédées en commun, elles sont imposables sous la désignation collective : *N...* (*Les héritiers de*), ou *N...* *et consorts*. Il ne peut y avoir d'exception à cette règle que pour certaines espèces de propriétés qui, par leur nature, restent habituellement dans l'état d'indivision, telles que des pâturages, des prés, des bois, des cours ou aires ; ces propriétés, lorsqu'elles appartiennent à des particuliers, peuvent être portées aux articles des copropriétaires d'après les droits de chacun ; si elles appartiennent à des communes, hameaux ou sections de commune, elles doivent être imposées au nom des communautés.

Art. 45.

Toute mutation doit être circonscrite, tant en contenance qu'en revenu cadastral, dans les quantités constatées par le cadastre. Par conséquent, il faut s'assurer que la réunion des diverses parties d'une parcelle divisée reproduit la contenance et le revenu de la parcelle entière et que la somme des totaux particls des différentes feuilles qui ont pu être rédigées pour la mutation d'un article entier est égale au total de cet article. Tous les rapprochements nécessaires pour vérifier ces concordances doivent être effectués avec le plus grand soin.

Art. 46.

Aucune mutation ne doit être opérée qu'après que l'identité des parcelles qui en sont l'objet ait été constatée ; cette constatation s'effectue, s'il est nécessaire, au vu du plan, des états de sections et même du terrain.

Art. 47.

Les feuilles de mutation indiquent les noms et prénoms des *vendeurs*, leur folio ou leur case à la matrice cadastrale, leur article à la matrice générale et le total du revenu (propriétés non bâties ou bâties) pour lequel ils sont compris dans le dernier rôle.

Les mêmes indications sont suffisantes en ce qui concerne les *acquéreurs déjà imposés*.

Mais il est nécessaire, à l'égard des contribuables qu'il s'agit d'inscrire pour la première fois aux matrices, de mentionner, outre leurs noms et prénoms, leur profession ou qualité et leur demeure.

Si un *acquéreur nouveau* figure déjà à la matrice générale, il faut reproduire en entier, sur la feuille de mutation, la désignation (nom, prénoms, etc.) sous laquelle il est inscrit à cette matrice, sauf, si la désignation de la matrice générale est inexacte ou incomplète, à en proposer la rectification dans la forme indiquée par l'article 119 de la présente instruction [1].

Lorsque l'article auquel se rapporte la mutation occupe sur la matrice cadastrale plusieurs folios ou plusieurs cases, on n'indique en tête de la feuille que le premier folio ou la première case ; mais il est nécessaire, à

---

1. Il convient, lorsque les usages locaux ne s'y opposent pas, de désigner les *veuves* sous le nom de leur mari et non sous leur nom de famille. Ex. : *Thomas, Jean-Baptiste, veuve, née Lombart, Henriette*.

L'usufruitier étant tenu au paiement de la contribution foncière, il est nécessaire, quand les mutations se rapportent à des propriétés grevées d'un droit d'usufruit, de mentionner le nom de l'usufruitier à la suite de celui du nu propriétaire.

l'égard des parcelles qui ne figurent pas sur le premier folio ou sur la première case, d'indiquer, dans la colonne 1, les folios ou les cases où les parcelles sont inscrites.

Les parcelles sont, autant que possible, inscrites sur les feuilles dans l'ordre des sections et des numéros du plan.

Art. 48.

En règle générale, les mutations foncières doivent être effectuées sur la déclaration des parties intéressées, dont la présence, d'ailleurs, est souvent indispensable pour la constatation de l'identité des parcelles.

Toutefois, les mutations peuvent être opérées d'office et en l'absence des parties, soit à l'aide des extraits de l'enregistrement, soit sur la présentation d'un acte enregistré ou bien encore sur la production d'un certificat du receveur de l'enregistrement ou d'une note du notaire, s'il n'existe aucune incertitude sur la désignation des propriétés qui en sont l'objet. Il suffit, dans ce cas, que les feuilles mentionnent la nature et la date des actes.

Art. 49.

L'agent qui fait les mutations foncières n'est pas seulement tenu d'effectuer les changements résultant de déclarations ou d'actes translatifs de propriété ; il doit, en outre, effectuer la réunion des cotes multiples concernant un même propriétaire et opérer autant que possible la mutation des articles relatifs à des individus notoirement connus pour ne plus être propriétaires dans la commune, ou à des personnes décédées depuis plusieurs années et dont les héritiers n'ont pas demandé à demeurer dans l'indivision.

Art. 50.

Si les mutations de propriétés ne sont point constatées par des actes enregistrés dont il soit justifié, les feuilles doivent être signées par l'ancien et par le nouveau propriétaire.

Il y a lieu également, lorsqu'une feuille de mutation a été rédigée au vu d'un acte, et bien que dans ce cas la signature des parties ne soit pas obligatoire, de faire signer cette feuille par celui ou ceux des intéressés qui se seraient présentés pour fournir les indications sur la mutation à opérer.

Art. 51.

Lorsqu'il s'agit de rectifier une erreur d'attribution, de faire passer le *sol* d'une propriété bâtie au nom du propriétaire imposé pour l'*élévation*, de réunir les cotes multiples d'un même contribuable, ou d'effectuer les autres changements dont il est question à l'article 49, la mutation peut être opérée sur la signature des répartiteurs.

Avant de transmettre les feuilles au directeur (art. 135), le contrôleur donne avis, par une lettre (mod. n° 9), des mutations de l'espèce au propriétaire à qui la parcelle est nouvellement attribuée, si d'ailleurs ce propriétaire n'est pas intervenu.

Il est fait, sur la feuille de mutation, mention de l'accomplissement de cette formalité ou du motif qui l'aurait rendue inutile.

Art. 52.

Les feuilles de mutation revêtues de la signature des parties intéressées ou de celles des répartiteurs doivent être datées. Cette formalité n'est pas exigée pour les feuilles établies, en l'absence des parties, au vu d'actes enregistrés.

Art. 53.

Les causes des mutations et, autant que possible, la date des décès, des mariages, ainsi que la nature et la date des actes translatifs de propriété sont énoncées dans la colonne des feuilles intitulée : *Motifs des changements*. Lorsque l'acte qui donne lieu à la mutation figure sur un extrait de l'enregistrement, le numéro d'ordre de cet extrait doit aussi être mentionné dans ladite colonne.

L'agent qui fait les mutations constate, en même temps, que l'extrait est utilisé en indiquant, pour chaque *acquéreur,* dans les colonnes 4 à 6 de cet extrait, l'année pour laquelle la mutation est effectuée, ainsi que le folio ou la case d'où sont tirées les parcelles mutées.

Art. 54.

Les propriétaires ont la faculté de se faire représenter pour les déclarations de mutations ; leur délégation peut être donnée par simple lettre.

Au bas des feuilles de mutation rédigées sur la déclaration d'un mandataire, on énonce que le déclarant était dûment autorisé à représenter la partie intéressée. Cette mention suffit pour les procurations par acte authentique ou sous seing privé, à la condition, toutefois, d'indiquer dans le premier cas, la date de l'acte et, dans le second, la date de l'enregistrement. Lorsque les déclarations sont faites en vertu de simples lettres, ces lettres doivent être annexées aux feuilles de mutation.

Quand un déclarant ne sait pas signer, il en est fait une mention qui est signée par le maire.

Art. 55.

Le percepteur et le contrôleur ne signent que les feuilles qu'ils ont rédigées personnellement.

CHAPITRE IV.

Explications sur la marche à suivre dans divers cas particuliers du travail des mutations foncières.

Art. 56.

Lorsqu'un grand nombre de contribuables se présentent en même temps pour faire opérer des mutations, l'agent chargé du travail reçoit de préférence les déclarations de propriétaires forains et ensuite celles des propriétaires domiciliés dans la commune, dont les mutations comprennent le moins de parcelles. Il peut assigner des heures particulières aux déclarants dont les articles étendus exigeraient un long travail.

Art. 57.

.Lorsque la totalité ou une grande partie des parcelles d'un article de matrice doit être changée, soit par suite de vente en détail, soit par suite de partage, la méthode la plus expéditive et la plus sûre consiste à réunir quelques-uns des intéressés connaissant bien la propriété et les nouveaux propriétaires de chaque parcelle, puis à faire la mutation en appelant et en transcrivant successivement sur les feuilles toutes les parcelles.

Pour faciliter le travail, l'agent, avant de commencer la mutation, établit une liste numérotée des acquéreurs ou copartageants ; il recherche à qui les parcelles doivent être attribuées ; il inscrit au crayon sur la matrice, à la ligne de chacune d'elles, le numéro d'ordre de l'*acquéreur* à qui elle appartient, et ce n'est qu'après ces opérations préliminaires, qui lui permettent de reconnaître s'il n'y a pas lieu de procéder sommairement pour un des *acquéreurs* (art. 42), qu'il transcrit les parcelles sur les feuilles dans l'ordre des sections et des numéros du plan.

Art. 58.

L'agent chargé du travail des mutations appelle chaque parcelle sous ses diverses désignations cadastrales ; il en fait reconnaître la contenance aux déclarants ; il leur en explique la configuration, leur indique les propriétés y attenant, et a soin de rechercher, afin de rendre la mutation complète, s'il n'a pas été réuni à cette parcelle, depuis le cadastre, quelque parcelle contiguë qui se trouverait inscrite plus loin dans le même article de la matrice, ou dont la mutation ne serait pas encore faite.

Art. 59.

Lorsqu'une mutation a pour objet la *totalité*[1] d'une parcelle qui se trouve inscrite sur plusieurs lignes dans un même article de matrice, soit parce que cette parcelle a été acquise en plusieurs fois d'un même individu, soit parce qu'elle a été acquise de plusieurs individus entre lesquels elle

---

1. On entend ici par la *totalité* d'une parcelle, tout ce qui appartient au *vendeur* dans un numéro du plan, lors même que ce numéro du plan serait divisé entre le *vendeur* et d'autres propriétaires.

BIBLIOTHÈQUE NATIONALE — R. F. — IMPRIMÉS

aurait été antérieurement partagée, on réunit en une seule ligne sur la feuille de mutation les différentes fractions du même numéro dont elle se compose, en indiquant le nombre de lignes qu'elles occupent sur la matrice et en maintenant le signe *p* si la parcelle n'est pas entièrement reconstituée.

Art. 60.

Cependant, lorsque le même *acquéreur* prend, dans une parcelle divisée, plusieurs portions séparées et formant actuellement des parcelles différentes, ces portions doivent être inscrites distinctement sur la feuille de mutation avec la désignation particulière propre à les faire reconnaître. Cette désignation sera transcrite sur les matrices au moment de l'application des mutations et ajoutée à celle du lieudit.

Art. 61.

Lorsque la mutation n'affecte qu'une portion de parcelle ou que la parcelle est divisée en plusieurs *acquéreurs,* on procède à la division en se conformant aux règles générales ci-dessus rappelées (art. 37 et 44).

Si la division peut être exprimée en parties aliquotes (1/2, 1/3, 1/4, etc.), on prend la moitié, le tiers, le quart, etc., des quantités portées sur la matrice.

Si les copartageants ne peuvent exprimer leurs parts ou droits respectifs par des fractions quelconques, et s'ils indiquent seulement les portions de contenance à leur attribuer dans une ou plusieurs parcelles, on opère comme il est dit dans le troisième ou le quatrième cas prévus à l'article 37 et l'on porte dans la colonne 9 de la feuille de mutation la mention *F^{on} ind^{ée}* (fraction indéterminée). De toute façon, la division des contenances entre les copartageants doit être réglée de telle sorte qu'ils soient portés à la matrice pour les contenances effectives de leur terrain, ou au moins pour des quantités proportionnelles à ces contenances, dans le cas où elles ne seraient pas d'accord avec le cadastre (art. 45). On ne peut se dispenser de se conformer à cette règle, sous le prétexte que les inégalités de contenances seraient compensées par un partage du revenu proportionnel à la valeur réelle des propriétés de chacun des copartageants.

Art. 62.

Pour procéder à la division d'une propriété composée de plusieurs numéros du plan contigus, il ne faut point, si la division du terrain ne l'exige pas effectivement, donner à chaque copartageant une partie de tous les numéros du plan, proportionnel à son droit dans l'ensemble de la propriété ; on doit lui attribuer seulement les numéros ou portions de numéros qui se rapportent au terrain qu'il possède réellement.

Si les parties présentent un plan qu'il soit possible de comparer au plan cadastral, le calcul des surfaces doit être fait avec autant de précision que possible, en se renfermant toutefois dans la contenance cadastrale (art. 45).

Art. 63.

Les mutations comportant division de parcelles exigent une attention particulière, lorsqu'elles ont pour objet des propriétés bâties.

Quelquefois il y a lieu de diviser le *sol* ainsi que le revenu y afférent et de laisser entier le revenu de la propriété bâtie ou bien de diviser ce revenu dans des proportions différentes de celles de la division du *sol*. Ce cas se présente plus particulièrement dans les partages par suite de décès, où il n'est pas rare que l'un des héritiers, prenne, par exemple, une portion de cour ou de jardin comprise dans la contenance totale du numéro de la propriété bâtie, sans avoir part aux bâtiments, ou qu'il prenne seulement des bâtiments qui ne sont imposables que pour le *sol*, tels que granges, écuries, bergeries, etc., tandis que la maison proprement dite est échue tout entière à un autre héritier. Il faut alors porter à chacun des copartageants la portion de contenance qui lui appartient avec le revenu y afférent, et attribuer tout le revenu de l'*élévation* à celui qui possède la maison.

Il y aurait encore lieu d'agir de cette manière dans le cas où la portion de l'un des copartageants comprendrait un bâtiment qui, depuis le cadastre, aurait été consacré à l'habitation sans avoir encore été évalué ; on attribuerait tout le revenu de la propriété bâtie au propriétaire de l'ancienne maison, et l'on imposerait comme nouvelle construction le bâtiment converti en maison.

Enfin, quand bien même il y aurait partage effectif, entre plusieurs héritiers, des propriétés non bâties d'un contribuable décédé, si la maison reste indivise, il faut la laisser telle et lui ouvrir un article spécial tant pour le revenu cadastral que pour les portes et fenêtres.

Dans les cas de l'espèce, les personnes qui font les déclarations doivent être interrogées avec soin ; l'agent chargé de constater la mutation doit même au besoin se transporter sur le terrain. Si cela est nécessaire, il consigne, dans la colonne 10 des feuilles, des explications sur son travail.

Art. 64.

Les mutations s'opèrent directement du propriétaire imposé au propriétaire actuel, sans tenir compte des transmissions intermédiaires de propriété. Il convient, toutefois, d'en faire mention, à titre de renseignements, dans la colonne d'observations.

Art. 65.

Quand l'agent chargé du travail des mutations a des doutes sur l'exactitude des désignations cadastrales d'une parcelle, il se reporte aux indications correspondantes qui figurent sur le plan et les états de sections ; il ne transcrit sur les feuilles de mutation que les désignations reconnues exactes. Mais pour faciliter les vérifications de la direction, il rappelle dans la colonne 10 de ces feuilles les désignations défectueuses.

Art. 66.

Les changements survenus depuis le cadastre dans les natures de culture et dans la valeur des propriétés ne peuvent donner lieu à aucune rectification.

Quant aux erreurs matérielles qui auraient pu être commises au moment du cadastre, elles ne peuvent être rectifiées qu'à la suite d'une décision du conseil de préfecture rendue sur réclamation des intéressés.

Art. 67.

Les parcelles pour lesquelles il a été rédigé des feuilles de mutation sont immédiatement marquées sur la matrice par un petit tracé placé en avant du numéro du plan.

. . . .

Art. 68 à 76.

. . . .

CHAPITRE V.

Tournée générale des mutations. — Travaux auxquels elle est consacrée.

Art. 77.

. . . .

Art. 78.

Le contrôleur doit être présent dans chaque commune au jour et à l'heure fixés par l'itinéraire.

. . . .

Art. 79.

Le percepteur doit se trouver aussi dans la commune au jour et à l'heure fixés par l'itinéraire (art. 10).

Il remet au contrôleur les extraits d'actes translatifs de propriété qui lui ont été transmis depuis la précédente tournée générale et qu'il a utilisés, puis en une seconde liasse, ceux dont il n'a pu faire emploi. Il lui remet également les feuilles de mutation qu'il a rédigées personnellement ou qui ont été rédigées par l'agent spécial.

Le percepteur doit être muni des rôles de l'année courante et de ceux de l'année précédente, du cahier de notes (art. 33) et des documents de toute nature qui peuvent faciliter ou rendre plus fructueux son concours au travail des mutations.

Dans le cas où, par une cause de force majeure, le percepteur se trouverait dans l'impossibilité de se rendre dans la commune au jour et à l'heure fixés par l'itinéraire, il serait tenu d'y envoyer les pièces qu'il devait remettre au contrôleur, de sorte que le travail des mutations ne pût éprouver ni retard, ni obstacle.

Art. 80.

Le contrôleur consulte le cahier de notes du percepteur. Il certifie sur ce cahier qu'il a pris connaissance des renseignements qui y ont été inscrits depuis la rédaction du dernier extrait trimestriel, et en mentionne le nombre.

Art. 81.

Il vérifie au vu des matrices et, au besoin, des états de section et du plan, les feuilles de mutation établies par le percepteur ou par l'agent spécial.

Il rectifie immédiatement les erreurs matérielles.

Il compare les feuilles avec les extraits d'actes translatifs de propriété et demande des explications sur les points qui ont besoin d'éclaircissements. Il recherche si les extraits laissés sans emploi par le percepteur ne peuvent réellement pas être utilisés et mentionne d'une manière bien apparente, sur ceux qu'il reconnaît comme n'étant pas susceptibles de suite, les motifs qui ne permettent pas d'en faire usage.

Le contrôleur s'assure, en outre, que le comptable s'est conformé aux prescriptions contenues dans l'article 49 de la présente instruction (réunion des cotes multiples concernant le même contribuable ; mutation des articles relatifs à des individus notoirement connus pour ne plus être propriétaires dans la commune ou décédés depuis plusieurs années et dont les héritiers n'ont pas demandé à demeurer dans l'indivision).

S'il se rencontre, soit au cours de l'examen des feuilles, soit pendant l'appel des articles de la matrice générale (art. 116), des cotes foncières de l'espèce et si, d'ailleurs, il n'existe aucune incertitude sur la désignation des propriétaires actuels des parcelles comprises dans ses cotes, le percepteur doit effectuer la mutation séance tenante, sur la signature des répartiteurs. Autrement, il porte sur son cahier de notes (art. 83) les indications nécessaires pour opérer le changement l'année suivante.

Dans le cas où le comptable n'aurait pas ultérieurement donné suite à ces annotations, le contrôleur en rendra compte dans le rapport qu'il adresse au directeur (art. 137) après l'achèvement de la tournée.

Enfin, le contrôleur vérifie les additions des feuilles.

Art. 82.

Le contrôleur effectue, s'il ne l'a fait auparavant, les changements relatifs aux propriétés non bâties devenues imposables ou ayant cessé de l'être (art. 26, 68 et suiv.).

Art. 83 à 109.

. . . .

Art. 110.

Le contrôleur relève sur les feuilles de mutation, les changements qui peuvent affecter des biens appartenant à des établissements de mainmorte.

Il s'assure, en consultant les notifications qui ont dû lui être adressées à ce sujet par le directeur (art. 25), si tous les changements qui ont pu survenir dans la consistance des biens dont il s'agit, par suite de donations, acquisitions, aliénations, échanges, etc., dûment autorisés, sont compris dans les mutations constatées, et, au cas contraire, il fait immédiatement compléter les mutations par le percepteur.

. . . .

Art. 111 à 127.

. . . .

Art. 128.

Le contrôleur procède à la formation ou à la révision de l'état-matrice des prestations avec le concours des répartiteurs et du percepteur ou du receveur municipal spécial dans les communes où il existe un comptable remplissant ces fonctions.

. . . .

Art. 129 à 135.

. . . .

Art. 136.

Avant de quitter la commune, le contrôleur met le percepteur à même de relever les noms des individus qui seront imposés, pour la première fois, dans le rôle de l'année suivante, aux contributions personnelle-mobilière et des patentes, afin que ce comptable ait le temps de se procurer, sur les nouveaux contribuables, les renseignements nécessaires pour bien apprécier leur position, avant le terme fixé pour la présentation des états de cotes indûment imposées.

Art. 137.

Dans la quinzaine qui suit l'achèvement de la tournée, le contrôleur

. . . .

rédige, en minute et en double expédition, un rapport dans lequel il traite les points suivants :

Publication de l'époque de l'arrivée du contrôleur et apposition des affiches dans les communes. — Concours des maires, adjoints et répartiteurs.

Concours prêté par les percepteurs : pendant le cours de l'année ; pendant la tournée générale. — Nombre des extraits d'actes translatifs de propriété utilisés par eux et de ceux dont ils n'ont pas fait usage ; mutations arriérées ; articles à réunir (art. 49). — Distribution des avertissements et mention y relatée de la date de la publication des rôles ;

État de conservation des pièces cadastrales ; réparations dont elles auraient besoin ;

Observations générales.

Il adresse au directeur les deux expéditions de ce rapport.

CHAPITRE VI.

Travail du directeur.

Art. 138 à 165.

. . . .

Art. 166.

Le directeur, après avoir examiné les rapports des contrôleurs et de l'inspecteur, et d'après les observations qu'il a faites lui-même pendant le cours du travail, informe le trésorier-payeur général de la manière dont les percepteurs ont rempli leurs obligations en ce qui touche le service des mutations. Il a soin de préciser les faits et les noms des comptables de manière à mettre leur chef à même d'adresser à chacun les encouragements ou les reproches qu'il aurait mérités.

Il fait parvenir à l'Administration les deux expéditions des rapports des contrôleurs (art. 137), après y avoir consigné ses observations sur les renseignements qu'ils contiennent et en faisant connaître la suite qui leur a été donnée. . . . .

. . . .

Art. 167.

Les extraits des cahiers de notes des percepteurs annotés par les contrôleurs sont renvoyés à ces comptables, par l'intermédiaire du trésorier-payeur général, afin qu'ils aient connaissance de la suite donnée à leurs propositions et qu'ils puissent fournir, s'il y a lieu, le complément des renseignements nécessaires pour permettre d'opérer, à la prochaine tournée, les changements non effectués.

Art. 168.

. . . .

CHAPITRE VII.

Application des mutations sur les matrices des communes.

ART. 169.

Le contrôleur procède à l'application des mutations sur les matrices des communes aussitôt qu'il a reçu du directeur les pièces nécessaires, en commençant par les perceptions qu'il a l'intention de placer en tête de l'itinéraire de la prochaine tournée générale (art. 8). Il doit terminer ce travail avant le 1er mars de l'année suivante.

Il est autorisé à effectuer l'application à son bureau, et, dans ce but, à y faire venir les matrices cadastrales et les matrices générales déposées dans les mairies, où il est obligé de les réintégrer dans un délai de quinze jours au plus, sous peine de se voir retirer la faculté de les déplacer.

Les frais de transport des matrices sont à la charge du contrôleur ; il est responsable des détériorations que le déplacement pourrait leur faire éprouver.

ART. 170.

Il est tenu d'inscrire sur son registre de correspondance la date de l'arrivée des matrices à son bureau et celle de leur renvoi dans les communes.

ART. 171 à 180.

. . . .

ART. 181.

Le contrôleur renvoie les matrices dans les communes immédiatement après l'application, à l'exception de celles pour lesquelles il aurait reconnu des différences dont les causes n'auraient pu être découvertes.

Il conserve ces dernières matrices jusqu'à ce qu'il ait reçu de la direction les copies des articles fautifs avec les explications nécessaires pour qu'ils soient régularisés ; ce n'est qu'après qu'ils l'ont été qu'il renvoie les matrices, à moins cependant que, la recherche des erreurs exigeant trop de temps, le directeur n'ait jugé convenable de prescrire la réintégration immédiate. . . . .

. . . .
Lorsque le délai de déplacement des matrices se trouve dépassé par suite de l'exécution de ces prescriptions, le contrôleur doit relater le fait au registre de correspondance.

La réintégration des matrices aux mairies doit être justifiée par des certificats des maires, énonçant la date du retrait et celle de la rentrée des pièces déplacées.

Art. 182.

Au fur et à mesure qu'il a été procédé à l'application des mutations dans une ou dans quelques communes, et sans que le nombre de celles-ci puisse jamais excéder le nombre des communes d'une perception, le contrôleur renvoie au directeur les pièces qui lui ont été communiquées (art. 164) pour l'exécution du travail.

Il lui adresse aussi, dès qu'il les a reçus, les certificats constatant la réintégration des matrices aux mairies.

A la réception des pièces renvoyées par le contrôleur, le directeur doit procéder à l'examen des observations consignées dans la dernière colonne des états de situation ancienne et nouvelle et prendre les mesures nécessaires pour qu'elles reçoivent la suite convenable.

Art. 183.

. . . .

A partir du 15 janvier, le directeur fait parvenir, en même temps, au trésorier-payeur général un état indiquant les perceptions pour lesquelles les pièces cadastrales ont été réintégrées dans les mairies, afin que les percepteurs puissent recevoir l'ordre de procéder à leur première tournée spéciale (art. 27).

*

CHAPITRE VIII.

Surveillance et vérifications de l'inspecteur.

Art. 184.

Le directeur établit et adresse à l'inspecteur une copie des itinéraires (mod. n° 1) de la tournée générale aussitôt qu'ils sont arrêtés et le tient au courant des modifications qui peuvent y être apportées (art. 10 et 13).

Il lui adresse aussi une copie des itinéraires (mod. n° 1 *ter* annexé à l'instruction du 6 avril 1881) de la tournée spéciale des patentes.

Art. 185.

L'inspecteur exerce sa surveillance sur les diverses parties du travail des mutations exécuté tant par les percepteurs que par les contrôleurs. Il s'assure notamment que les comptables se sont conformés aux prescriptions contenues dans l'article 49 de la présente instruction.

Art. 186 et 187.

. . . .

Art. 188.

. . . .

Pour opérer la vérification de l'application des mutations, les inspecteurs ont la faculté de déplacer les matrices communales et même de les faire venir à leur résidence, à la condition de les réintégrer dans les mairies dans un délai de quinze jours ; toutefois l'autorisation qui leur est donnée à cet égard ne constitue pas un droit et reste subordonnée à l'acquiescement des maires (circ. n° 600).

Par analogie avec ce qui est prescrit pour les contrôleurs (art. 169), les frais de transport des matrices sont à la charge de l'inspecteur, qui est responsable aussi des détériorations que le déplacement pourrait leur faire éprouver.

CHAPITRE IX.

Dépenses d'imprimés. — Règlement des indemnités. — Comptabilité.

Art. 189.

Les imprimés pour feuilles de mutation (mod. n°ˢ 8 et 8 *bis*), pour bordereaux d'envoi aux percepteurs des extraits d'actes translatifs de propriété (mod. n° 25) et pour croquis des parcelles devenues imposables (mod. n° 27), sont à la charge du contrôleur.

Art. 190.

Les affiches (mod. n° 3 *bis*) destinées à faire connaître aux contribuables l'époque des tournées spéciales des percepteurs et les lettres d'envoi (mod. n° 2 *bis*) de ces affiches sont fournies par le receveur des finances. Les percepteurs doivent, de leur côté, s'approvisionner des états n° 15 *bis*, présentant le compte d'emploi des extraits d'actes translatifs de propriété.

Art. 191.

Sont à la charge du directeur : les imprimés pour relevés d'extraits de baux et d'actes translatifs de propriété (mod. n°ˢ 4 et 5) ; les cadres des états de constructions et démolitions (mod. n° 11), des états de changements (mod. n°ˢ 10, 12 et 13), des listes alphabétiques des contribuables nouveaux (mod. n° 14), des matrices des patentes, des listes des patentables indigents, des extraits des cahiers de notes des percepteurs et des états des déclarations de commencer et de cesser dressés par l'administration des contributions indirectes.

Art. 192.

Tous les imprimés non mentionnés dans les trois articles qui précèdent sont à la charge des agents qui les emploient.

Art. 193.

Il est alloué, pour le travail des mutations, les indemnités ci-après relatées, savoir :

1° Au percepteur et au contrôleur, pour la rédaction des feuilles de mutation :

Propriétés non bâties : 2 centimes et demi par parcelle transcrite ou supprimée de la matière imposable et par *nom substitué ;*

Propriétés bâties : 3 centimes et demi par parcelle transcrite et par *nom substitué ;*

. . . .

Art. 194.

Les frais relatifs aux nouveaux volumes qu'il pourrait être nécessaire d'ouvrir, par suite de l'épuisement des espaces en blanc réservés dans les matrices, entrant dans les dépenses mises à la charge des communes par l'article 43 du règlement du 10 octobre 1821 sur les opérations cadastrales, le directeur fera au préfet les propositions nécessaires pour obtenir le remboursement par les caisses municipales, des frais d'impression et de reliure de ces volumes.

Art. 195 et 196.

. . . .

Art. 197.

Les indemnités revenant aux divers agents qui participent au travail des mutations peuvent être payées, en totalité, aux percepteurs...... aussitôt après l'ouverture du crédit concernant cette nature de dépense.

. . . .

Art. 198 à 200.

. . . .

Paris, le 2 mars 1886.

Le Conseiller d'État,
Directeur général des Contributions directes,
BOUTIN.

Approuvé :
Le Ministre des finances,
Sadi CARNOT.

TABLE ALPHABÉTIQUE ET ANALYTIQUE

NOTA. — Les chiffres indiquent les articles de l'instruction.

Nancy, imprimerie Berger-Levrault et C*.

www.ingramcontent.com/pod-product-compliance
Lightning Source LLC
LaVergne TN
LVHW012313050726
842524LV00004B/1375